AF117078

www.ingramcontent.com/pod-product-compliance
Lightning Source LLC
LaVergne TN
LVHW072052060526
838200LV00061B/4720

اولنے انځوري قاموس

ځناور

First Picture Dictionary
Animals

پرپرکے
Butterfly

ګیدړ
Fox

سور
Pig

سویه
Rabbit

انځور شوي لخوا انا ایوانیر

www.kidkiddos.com
Copyright ©2025 by KidKiddos Books Ltd.
support@kidkiddos.com

All rights reserved. No part of this book may be reproduced in any form or by any electronic or mechanical means, including information storage and retrieval systems, without written permission from the publisher, except in the case of a reviewer, who may quote brief passages embodied in critical articles or in a review.
First edition, 2025

Translated from English by Khaliq Zaman
د خالق زمان لخوا له انګلیسي څخه ژباړل شوی

Library and Archives Canada Cataloguing in Publication
First Picture Dictionary - Animals (Pashto English Bilingual edition)
ISBN: 978-1-83416-672-8 paperback
ISBN: 978-1-83416-673-5 hardcover
ISBN: 978-1-83416-671-1 eBook

Please note that the Pashto and English versions of the story have been written to be as close as possible. However, in some cases they differ in order to accommodate nuances and fluidity of each language.

موز
Moose

شرمخ
Wolf

✦موز یو ډېر ښه لامبوزن دے او د بوټو د خوراک د پاره د اوبو دنَنه غوپه وخلے شي!

✦*A moose is a great swimmer and can dive underwater to eat plants!*

بلونګرے
Squirrel

کوالا
Koala

✦بلونګرے په ژمي کښې تخمونه پټوي، خو ځنې وخت ترې هیرېشي چې چرته يي پټ کړي دي۔

✦*A squirrel hides nuts for winter, but sometimes forgets where it put them!*

ګوريلا
Gorilla

ساراني ځناور
Wild Animals

د ابو مېښه
Hippopotamus

پاندا
Panda

کیدر
Fox

کېنډا
Rhino

هوسۍ
Deer

زرد کب
Goldfish

سپے
Dog

♦ ځینې طوطیان خبرې نقل کولے شي او تر دې
چې د انسان شان خندا هم کولے شي ۔

♦ *Some parrots can copy words and even laugh like a human!*

پیشو
Cat

طوطي
Parrot

ساتونکي ځناور
Pets

کناري
Canary

✦ چیندخ د پړپوسانو سره سره په څرمن هم سا اغستلی شي۔
✦ A frog can breathe through its skin as well as its lungs!

گیني سور
Guinea Pig

چیندخ
Frog

هېمستر
Hamster

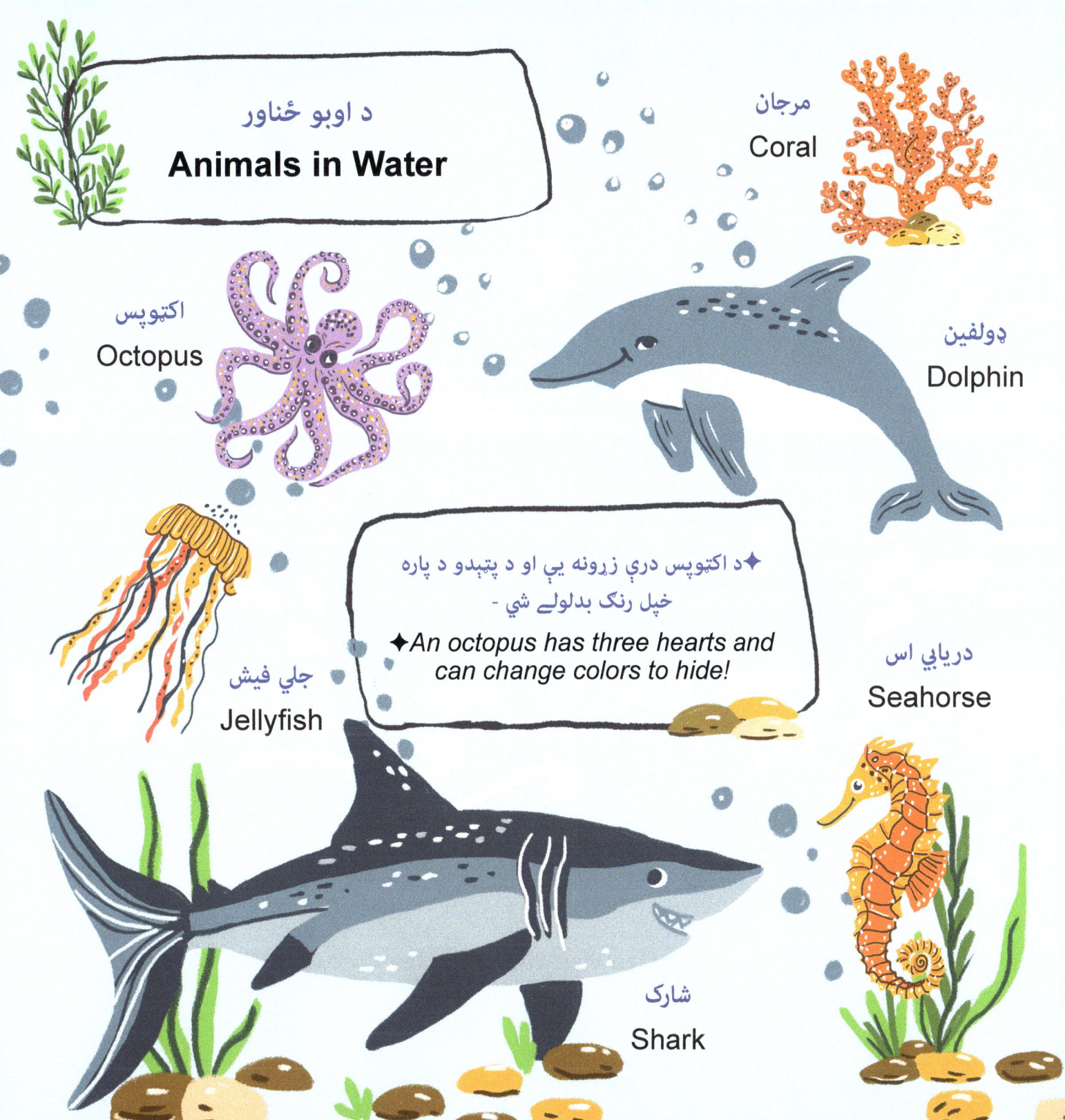

وارۀ ځناور
Small Animals

کربوړے
Chameleon

جولا
Spider

✦ شترمرغ د ټولو نه لویه مرغۍ ده خو دا نه شي الوتلے!

✦ *An ostrich is the biggest bird, but it cannot fly!*

ګبینه مچۍ
Bee

✦ شاپېټی خپل کور په خپله شا ګرځوي او دا ډېره په قلاره خوځېږي۔

✦ *A snail carries its home on its back and moves very slowly.*

شاپېټی
Snail

منږک
Mouse

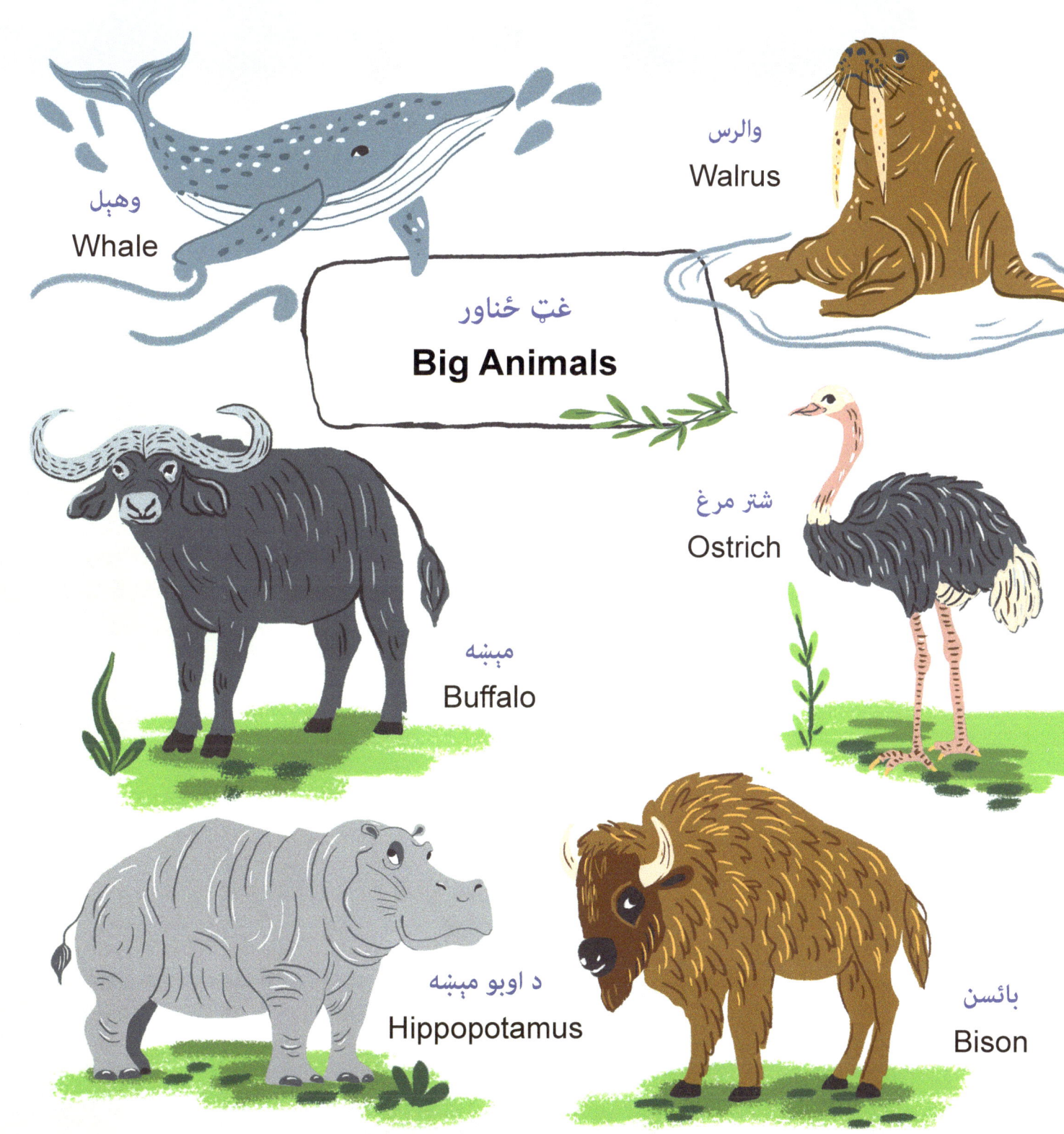

کونگے
Owl

شاپرک
Bat

◆کونگے د شپې ښکار کوي او د خوراک معلومولو د پاره د اورېدو حس استعمالوي!

◆*An owl hunts at night and uses its hearing to find food!*

◆اور وړکے د نورو اور وړکو معلومولو د پاره د شپې رڼا کوي۔

◆*A firefly glows at night to find other fireflies.*

راکون
Raccoon

زهري جولا
Tarantula

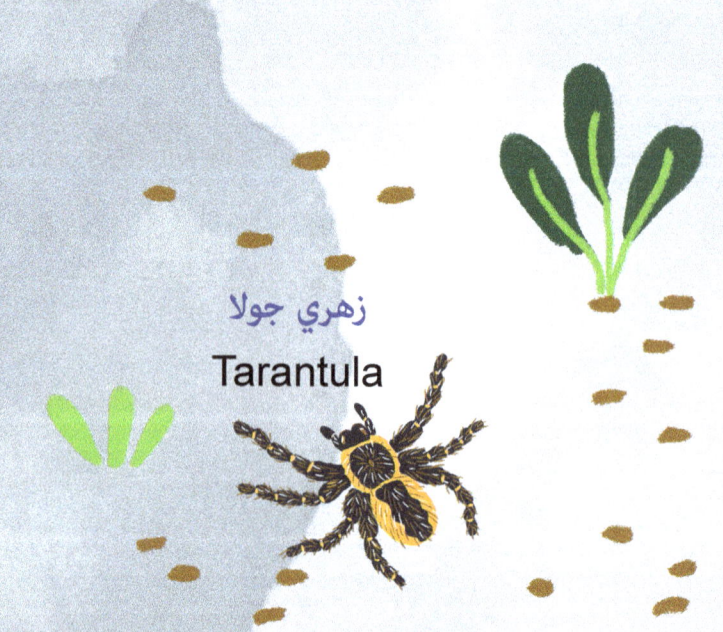

رنګين ځناور
Colorful Animals

فلېمينګو ګلابي يې
A flamingo is pink

ګونګے نسواري يې
An owl is brown

بطه سپينه يې
A swan is white

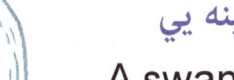

اکتوپس جامني يې
An octopus is purple

چيندخ شين يې
A frog is green

◆چيندخ شين يې، ځکه دے په پاڼو کښ پټيدے شي۔
◆*A frog is green, so it can hide among the leaves.*

پرپرکے او پیشَکہ
Butterfly and Caterpillar

گډه او ګډو رے
Sheep and Lamb

اس او د اس بچے
Horse and Foal

لِوۀ او د لِوۀ بچے
Pig and Piglet

بیزۀ او پیسکورے
Goat and Kid

ځناور اؤ د هغوئ بچي
Animals and Their Babies

غوا او سخے
Cow and Calf

پیشو او پیشونګرے
Cat and Kitten

چرګوري د اګۍ راوتو نه مخکښې د خپلې مور سره خبرې کوي۔
✦ *A chick talks to its mother even before it hatches.*

چرګ او چرګورے
Chicken and Chick

سپے او کوکرے
Dog and Puppy